MOLIÈRE

Die Liebe als Arzt

(Der Liebhaber als Arzt)

Eine Komödie in drei Akten

mit Illustrationen von Tony Johannot und anderen

aionas

Bibliographische Informationen der Deutschen Nationalbibliothek: Die Deutsche Nationalbibliothek verzeichnet diese Publikation in der Deutschen Nationalbibliographie; detaillierte bibliographische Daten sind im Internet unter http://dnb.dnb.de abrufbar.

Molière
DIE LIEBE ALS ARZT
Französischer Originaltitel:
L'AMOUR MÉDECIN
Uraufführung: 14. August 1665

Übersetzung: Alexander Varell,
Philipp August Becker (An die Leser)
Cover-Grafik (Hintergrund) designed by freepik

aionas Verlag, Marstallstraße 1, Weimar
1. Auflage, 2018
Herstellung: BoD – Books on Demand, Norderstedt
ISBN: 978-3-946571-86-5

ÜBER DIE KOMÖDIE

Nach den Querelen um die hohen Komödien *Tartuffe* und *Don Juan* – beide Stücke wurden verboten – wandte sich Molière wider einer Farce zu, die *LIEBE ALS ARZT*. König Ludwig XIV war ein Gönner Molières und stärkte ihm den Rücken. Mit seinen vormaligen Komödien hatte er sich mächtige Gegner geschaffen; den Schutz hatte er also daher bitter nötig. Am 14. August 1665 erhob Ludwig XIV sein Ensemble zur »Königlichen Truppe im Palais Royal« und hielt so weiter schützend seine Hand über seinen obersten Spaßmacher. Wenige Tage später erhielt dieser dann den Auftrag für die *Liebe als Arzt*, der am 14. September 1665 erstmals aufgeführt wurde.

Wie sich Molière im Vorwort des Erstdrucks 1666 auslässt, blieben ihm für das Verfassen, das Einstudieren und Aufführen gerade einmal fünf Tage Zeit. Trotz der Eile der Entstehung zeichnet sich das Stück durch feine Charakterzüge, durch eine wohltuende Frische und durch eine Fülle von köstlichen Einfällen aus. Molière greift in dieser Komödie auf bewährte Ideen aus Stehgreifpossen aus dem Repertoire des Ensembles zurück. So eben aus dem *Fliegenden Arzt* und wahrscheinlich auch aus dem *Verliebten Doktor*, ein Stück, das uns nur dem Namen nach bekannt ist. Molière wies ausdrücklich darauf hin, das Stück solle auch mit jenen »Zugaben« wahrgenommen werden, mit denen es vor dem König gegeben wurde; auch die *Liebe als Arzt* ist eine Ballettkomödie mit Tanzeinlagen und Liedern[1].

Im Zentrum des Stückes stehen die Szenen der Ärztekonsultation, in denen Molière wohl seine persönlichste Medizinsatire aufführt. Für sein medizinisches Personal

---

1 Wir folgen Molières Ruf und unterdrücken diese »Zugaben« in unserer Ausgabe nicht.

stehen nahmhafte Pariser Ärzte Pate, die er auf unmissverständliche Weise auf der Bühne darstellen lies und sie dem Gelächter des Publikums aussetzte; darunter der Stadtarzt Fougerais und die Hofärzte Esprit, Guénaud, d'Aquin und Yvelin. Auf der Bühne tragen sie zur Verballhornung die Namen Desfonandres, Bahis, Macroton, Tomès und Filerin, die soviel bedeuten wie Menschentöter, Beller, Langton, Aderlasser und Streitlieber; alles sprechende Namen, ein Mittel, das Molière nur allzu gern verwendete.[2]

Lucile ist in Clitandre verliebt und möchte ihn heiraten. Ihr geiziger Vater Sganarelle aber will sich die Mitgift sparen und versperrt seine Ohren stets, wenn die Rede auf eine Heirat kommt. Lucile täuscht daher eine Krankheit vor. Der besorgte Sganarelle lässt einen ganzen Haufen Ärzte auffahren, die sie heilen sollen. Jeder weiß es besser, wie man sie wieder herstellen kann, doch heilen, das tut sie nicht einer. Da erscheint der listenreiche Clitandre als Arzt verkleidet, macht sie wieder gesund und erhält die Hand seiner Geliebten.

---

2 Einer Anekdote zufolge soll sich der Vermieter Molières derart über diese Komödie geärgert haben, dass er dem Dramatiker die Miete erhöhte. Sein Vermieter war nämlich selber Arzt. Angeblich hätte sich Molière gerächt, indem er die Frau des Vermieters aus dem Theater werfen ließ, als diese mit einer Freikarte aufkreuzte.

Molière

Die Liebe als Arzt

L'Amour médecin
(1665)

Eine Komödie in drei Akten

L'AMOUR MEDECIN

AN DEN LESER

Dies ist nur eine leicht hingeworfene Skizze, eine kleine Stehgreifdichtung, die der König zu einem Hoffest bestellt hat. Sie musste noch eiliger ausgeführt werden als alle übrigen, die Seine Majestät mir auftrug; wenn ich sage, dass sie innerhalb fünf Tagen vorgeschlagen, gemacht, einstudiert und aufgeführt wurde, so sage ich nur die Wahrheit. Es ist wohl überflüssig, daran zu erinnern, dass manches in dem Stücke erst durch den Vortrag zur Geltung kommt. Lustspiele werden bekanntlich nur zum Zwecke der Aufführung geschrieben; und ich rate keinem, dieses hier zu lesen, wenn er nicht den nötigen Blick hat, um schon bei der Lektüre das ganze Bühnenspiel zu erraten. Was ich sagen will, ist, dass es wünschenswert wäre, dass Werke dieser Art immer mit jenen Zugaben erscheinen könnten, mit denen sie vor dem König gegeben werden. Dann würde man sie in einem weit erträglicheren Zustand zu sehen bekommen; denn die Arien und Symphonien des unvergleichlichen Herrn Lulli, vereint mit der Schönheit der Stimmen und der Kunst der Tänzer, verleihen ihnen wahrhaft einen Reiz, den sie nur schwer entbehren können.

PERSONEN

SGANARELLE, *Vater der Lucinde*
LUCINDE, *Tochter des Sganarelle*
CLITANDRE, *Liebhaber der Lucinde*
AMINTE, *Nachbarin des Sganarelle*
LUCREZIA, *Nichte des Sganarelle*
LISETTE, *Dienerin der Lucinde*
HERR GUILLAUME, *Tapezierer*
HERR JOSSE, *Goldschmied*

HERR TOMÈS,
HERR DESTONANDRÉS,
HERR MACROTON,
HERR BAHIS,
HERR FILERIN, *Ärzte*

EIN NOTAR.
CHAMPAGNE, *Diener des Sganarelle*

Die Szene spielt in Paris im Haus des Sganarelle.

PROLOG

LUSTSPIEL, MUSIK UND TANZ.

LUSTSPIEL.

Lasst uns heut nicht darum streiten,
Wer den Vorrang von uns hat.
Kommt, heben wir unsre Gedanken
Über diese Schranken, höheren Plänen zu.
Zu dreien, gemeinsam, solls uns gelingen,
Das Lob des größten Königs zu erringen.

ALLE DREI.

Zu dreien, gemeinsam, solls uns gelingen,
Das Lob des größten Königs zu erringen.

DIE MUSIK.

Unser Spiel soll ihn zerstreuen
Von seiner schweren Herrscherpflicht.

DER TANZ.

Kein größrer Ruhm könnt uns erfreuen,
Kein größres Glück, das aus uns spricht.

ALLE DREI.

Zu dreien, gemeinsam, solls uns gelingen,
Das Lob des größten Königs zu erringen.

ERSTER AUFZUG

ERSTER AUFTRITT

SGANARELLE, AMINTE, LUCREZIA, HERR GUILLAUME, HERR JOSSE.

SGANARELLE. Ach, wie komisch ist das Leben! Ich zitiere jenen großen Philosophen der Antike und sage: Leben heißt sterben, und ein Unglück kommt selten allein. Ich hatte nur eine einzige Frau und die ist gestorben.

HERR GUILLAUME. Wie viele Frauen hätten Sie denn gern?

SGANARELLE. Tot ist sie, sage ich, Herr Guillaume. Ihr Verlust geht mir sehr nahe. Ich kann nicht ohne Tränen an sie denken. Ich war zwar nicht besonders zufrieden mit ihrem Benehmen, wir hatten sehr oft Streit miteinander, müssen Sie wissen, doch der Tod gleicht alles aus. Sie ist tot und ich heule Rotz und Wasser. Ach würde sie noch leben, dann könnten wir uns zanken. Von allen Kindern, die mir der Himmel schenkte, blieb mir nur eine Tochter, die mir nun einige Sorgen bereitet. Ständig sehe ich sie in finsterer Schwermut, in schrecklicher Traurigkeit, aus der man sie nicht herausreißen kann und deren Ursache ich nicht zu ergründen weiß. Wenn mir nicht bald ein guter Rat zu Hilfe kommt, verliere ich noch den Verstand deswegen. *(Zu Lucrezia.)* Du bist meine Nichte. *(Zu Aminte.)* Sie sind meine Nachbarin. *(Zu Herrn Guillaume und Josse.)* Sie sind meine Freunde und Bekannten. Ich bitte euch alle, gebt mir einen Rat, was ich mit ihr anstellen soll.

HERR JOSSE. Was mich betrifft, ich bin der Meinung, dass nichts ein junges Mädchen mehr erfreut als Flitter und Schmuck. Wenn ich an Ihrer Stelle wäre, würde ich ihr noch heute ein schönes Schmuckstück mit Diamanten, Rubinen oder Smaragden kaufen.

HERR GUILLAUME. Und wenn ich an Ihrer Stelle wäre, würde ich ihr eine hübsche Tapete mit einer lachenden grünen Landschaft oder mit Figuren darauf kaufen, mit der ich ihr Zimmer tapezieren würde, damit sich Augen und Sinne daran erfreuen.

AMINTE. Ich würde gar nicht so viele Umstände machen. Ich würde sie so schnell wie möglich mit dem jungen Mann verheiraten, der, wie ich hörte, vor einiger Zeit bei Ihnen um sie angehalten hat.

LUCREZIA. Und ich bin der Meinung, dass Ihre Tochter sehr wenig für die Ehe geschaffen ist. Sie ist zu zart gebaut und nicht gesund genug. Es hieße sie geradezu ins Jenseits zu befördern, wenn man sie, so wie sie ist, dem aussetzen würde, Kinder zu bekommen. Das Weltliche ist ganz und gar nicht ihre Sache. Ich rate Ihnen daher, sie in ein Kloster zu geben. Dort wird sie die Zerstreuungen finden, die ihr besser zusagen.

SGANARELLE. Eure Ratschläge sind ohne Zweifel ganz vortrefflich, obwohl ich sie für etwas eigennützig halte. Jeder von euch war dabei sehr auf seinen eigenen Vorteil bedacht. Sie, Herr Josse, sind Goldschmied. Ihr Rat verrät den Mann, der seine eigene Ware gern anbringen möchte. Sie, Herr Guillaume, sind Tapetenhändler. Sie sehen mir aus, als ob Sie einige Stücke zu viel liegen hät-

ten. Sie, gute Nachbarin, lieben den jungen Mann, der, wie man hört, Neigung für meine Tochter haben soll. Sie würden nicht böse darüber sein, wenn sie sich mit einem anderen verheiratete. Sie aber, liebe Nichte, wissen recht gut, dass ich aus guten Gründen meine Tochter nicht dem Erstbesten an den Hals werfen werde. Aber Ihr Rat, sie ins Kloster zu schicken, ist der Rat einer Frau, die den frommen Wunsch hegt, meine Universalerbin zu werden. Sie werden es daher gewiss nicht übel nehmen, meine Herren und Damen, wenn ich ihre guten Ratschläge, so vortrefflich sie auch sind, dieses Mal nicht befolge. *(Allein.)* Das sind mir heutzutage schöne Ratgeber!

ZWEITER AUFTRITT

SGANARELLE, LUCINDE.

SGANARELLE. Ah, da ist ja meine Tochter. Sie will wohl an die frische Luft. Sie sieht mich nicht. Sie seufzt. Sie blickt zum Himmel. *(Zu Lucinde.)* Gott schütze dich! Guten Tag, mein Liebling. Nun, wie geht's? Ach was! Immer noch traurig, immer noch schwermütig. Willst du mir denn nicht verraten, was dir fehlt? Komm, schließe dein Herzchen vor mir auf. Komm, Kindchen, sag deinem süßen Väterchen alles, was du auf dem Herzen hast. Nur Mut! Nur Mut! Soll ich dich küssen? Komm. *(Beiseite.)* Sie macht mich noch irre mit dieser Laune! *(Zu Lucinde.)* Aber sage mir, soll ich denn vor Kummer um dich sterben. Soll ich denn nie erfahren, was dich so sehr bedrückt? Sage mir den Grund davon, und ich verspreche dir, dass ich alles für dich tun werde, um dich zufriedenzustellen. Ja ich schwöre es dir, mehr kann man nicht sagen. Bist du vielleicht eifersüchtig auf irgendeine Freundin, die herausgeputzter geht als du? Soll ich dir Stoff für ein neues Kleid beschaffen? Nein. Ist dir dein Zimmer nicht hübsch genug? Möchtest du ein Schränkchen haben aus der St. Lorenzomesse? Auch nicht. Hast du Lust, noch irgendetwas zu lernen, und soll ich dir einen Lehrer geben, um dich im Klavierspielen zu unterrichten? Auch nicht. Liebst du vielleicht einen, den du gern heiraten möchtest, he? *(Lucinde nickt.)*

DRITTER AUFTRITT

SGANARELLE, LUCINDE, LISETTE.

LISETTE. Nun, Herr Sganarelle, Sie haben gerade mit Ihrer Tochter gesprochen. Kennen Sie denn nun den Grund für ihre Traurigkeit?

SGANARELLE. Nein, der kleine Scherzkeks bringt mich noch zur Verzweiflung!

LISETTE. Dann überlassen Sie es doch mir, ihr ein wenig auf den Zahn zu fühlen.

SGANARELLE. Das ist nicht nötig. Wenn es ihr gefällt, in dieser Laune zu verharren, dann soll man sie nicht daran hindern.

LISETTE. Lassen Sie mich einmal machen, sag ich. Vielleicht zeigt sie sich offener bei mir als bei Ihnen. Wie, mein gutes Fräulein, wollen Sie uns denn gar nicht sagen, was Ihnen fehlt, wollen Sie uns alle weiter so beunruhigen? Das geht doch nicht, Fräulein. Wenn Sie Bedenken haben, sich Ihrem Vater gegenüber offen auszusprechen, dann schütten Sie wenigsten mir Ihr Herz aus. Sagen Sie mir, ob Sie etwas von ihm wünschen? Er sagte ja so oft, dass er kein Opfer scheuen würde, um Sie glücklich zu machen. Schränkt er vielleicht Ihre Freiheit ein? Erfreuen Sie etwa Spazierfahrten und Geschenke nicht? Nun, hat Ihnen vielleicht jemand etwas angetan? Sagen Sie doch, sind Sie heimlich einem zugetan, den Ihr Vater Sie heiraten lassen soll? Aha! Da haben wir‘s! Aber, was zum Teufel, warum all diese Umstände? Herr Sganarelle, das Geheimnis ist gelüftet, sie ...

SGANARELLE. Geh, undankbares Kind, ich will nichts mehr von dir wissen, ich überlasse dich deinem Eigensinn.

LUCINDE. Bester Vater, wenn ich Ihnen sagen soll ...

SGANARELLE. Ich habe dich gar nicht mehr lieb.

LISETTE. Herr Sganarelle, ihre Traurigkeit ...

SGANARELLE Dieser Trotzkopf bringt mich noch unter die Erde.

LUCINDE. Lieber Vater, ich will Ihnen ja ...

SGANARELLE. Du belohnst die Sorge um deine gute Erziehung schlecht.

LISETTE. Aber, Herr Sganarelle ...

SGANARELLE. Nein, ich bin ganz entsetzlich aufgebracht wegen ihr!

LUCINDE. Aber, lieber Vater ...

SGANARELLE. Es ist vorbei mit meiner Freundlichkeit zu dir!

LISETTE. Aber ...

SGANARELLE. Sie ist ein hinterhältiges Mädchen!

LUCINDE. Aber ...

SGANARELLE. Eine Undankbare!

LISETTE. Aber ...

SGANARELLE. Die mir nicht sagen will, was ihr fehlt.

LISETTE. Ein Mann fehlt ihr!

SGANARELLE *(tut, als hätte er es nicht gehört).* Ich gebe sie auf!

LISETTE. Ein Mann!

SGANARELLE. Ich verachte sie!

LISETTE. Ein Mann!

SGANARELLE. Ich verleugne sie!

LISETTE. Ein Mann!

SGANARELLE. Nein, ich will nichts mehr von ihr wissen!

LISETTE. Ein Mann!

SGANARELLE Nichts mehr von ihr wissen!

LISETTE. Ein Mann!

SGANARELLE. Ich will nichts mehr von ihr wissen!

LISETTE. Ein Mann, ein Mann, ein Mann!

VIERTER AUFTRITT

LUCINDE, LISETTE.

LISETTE. Es ist ein wahres Wort: Tauben Ohren ist gut predigen.

LUCINDE. Nun, Lisette, hatte ich nicht recht, meinen Kummer zu verschweigen? Ich sollte nur sagen, was ich wünschte, um alles von meinem Vater zu bekommen. Da siehst du's nun, was er mir gibt!

LISETTE. Ach mein Gott, welch ein garstiger Typ! Ich gestehe, es würde mir ein großes Vergnügen bereiten, ihm irgendeinen Streich zu spielen. Aber woher kommt es, Fräulein, dass Sie auch mir bisher Ihr Leid verschwiegen haben?

LUCINDE. Ach, wozu hätte ich dich damit bekümmern sollen? Wäre es nicht ebenso gut gewesen, mein lebelang zu schweigen? Kannte ich nicht die Gesinnungen meines Vaters? Wusste ich nicht alles im Voraus, was wir eben erlebt haben? Musste die abschlägige Antwort, die er dem jungen Mann gab, der durch einen Freund um meine Hand anhielt, nicht jeden Schimmer von Hoffnung in meiner Brust ersticken?

LISETTE. Wie, jener Unbekannte ist es, der durch einen anderen um Sie warb, für den Sie ...

LUCINDE. Vielleicht ist es nicht schicklich für ein junges Mädchen, sich so offen auszusprechen, aber ich muss dir gestehen, dass, wenn man mir freie Wahl ließe, ich keinen anderen als ihn wählen würde. Wir haben noch kein Wort miteinander gewechselt. Sein Mund hat mir nie von Liebe gesprochen. Aber überall, wo wir uns auch begegneten, drückten seine Blicke und sein ganzes Benehmen die innigste Zuneigung aus. Und nach dem Antrag, den er mir machen ließ, schien er mir ein so rechtschaffener Mann, dass mein Herz nicht unempfindlich blieb für seine Glut. Du siehst aber, mit welcher Härte mein Vater dieser Zuneigung entgegentritt.

LISETTE. Ach, lassen Sie mich nur machen. Obwohl ich Grund hätte, mich über Ihr Schweigen mir gegenüber zu beklagen, will ich es doch Ihrer Liebe nicht entgelten lassen und ihr dienen, wenn Sie nämlich entschlossen genug sind ...

LUCINDE. Ach, Lisette, was könnte ich wohl gegen die Gewalt meines Vaters unternehmen? Und wenn er unerbittlich ist und meine Wünsche missachtet?

LISETTE. Ach was, man muss sich nicht wie ein dummes Gänschen behandeln lassen. Wenn nur die Ehre unbefleckt bleibt, dann darf man sich schon der Tyrannei eines Vaters ein wenig entziehen. Was will er eigentlich? Sind Sie nicht alt genug zum Heiraten? Glaubt er, Sie wären aus Stein? Wie schon gesagt, ich will Ihrer Liebe dienen. Ihre Interessen sind von jetzt ab die Meinigen, und Sie werden sehen, ob ich Streiche zu spielen weiß. Doch da kommt Ihr Vater. Gehen wir hinein. Überlassen Sie mir nur alles Weitere.

FÜNFTER AUFTRITT

SGANARELLE *(allein)*. Es ist manchmal gut, zu tun, als verstünde man nicht, was man nur zu gut versteht. Ich habe bestimmt sehr weise gehandelt, der Erklärung eines Wunsches vorzubeugen, den ich zu erfüllen nicht willens bin. Gab es wohl je etwas so Tyrannisches wie die Sitte, die Väter zwingen zu wollen? Ist es nicht dumm und lächerlich, mit wer weiß wie viel Mühe, Geld zusammenzuscharren, eine Tochter mit Sorgfalt zu erziehen, um sie dem erstbesten Mann, der uns gar nichts angeht, mitsamt dem Geld zu überlassen? Nein, nein, Sitte hin, Sitte her, ich behalte mein Geld und meine Tochter.

SECHSTER AUFTRITT

SGANARELLE, LISETTE.

LISETTE *(kommt hastig angerannt und tut, als ob sie Sganarelle nicht sieht.)* Ach, welch Unglück, welch Unglück! Armer Herr Sganarelle, wo finde ich dich?

SGANARELLE *(für sich)*. Was sagt sie da?

LISETTE *(rennt weiter umher)*. Armer, unglücklicher Vater! Was wirst du tun, wenn du das erfährst?

SGANARELLE *(für sich)*. Was kann es sein?

LISETTE. O armes Fräulein!

SGANARELLE *(für sich)*. Ich bin verloren!

LISETTE. Ach!

SGANARELLE. Lisette!

LISETTE. Welch Unglück!

SGANARELLE. Lisette!

LISETTE. Welches Ereignis!

SGANARELLE. Lisette!

LISETTE. Welches Schicksal!

SGANARELLE. Lisette!

LISETTE. Ach, Herr Sganarelle!

SGANARELLE. Was ist denn?

LISETTE. Ihr Tochter ...

SGANARELLE. Huhuhu! Huhuhu!

LISETTE. Weinen Sie doch nicht so, Herr, ich muss sonst lachen.

SGANARELLE. Dann rede, geschwind!

LISETTE. Ihre Tochter, in Verzweiflung über Ihre Worte und Ihren grimmigen Zorn, lief in wilder Hast in ihr Zimmer, öffnete das Fenster, das zum Fluss hinaus geht ...

SGANARELLE. Nun?

LISETTE. Blickte zum Himmel und rief: Nein, ich kann nicht leben mit dem Zorn meines Vaters. Und da er mich als seine Tochter verstößt, will ich sterben.

SGANARELLE. Und sie stürzte sich hinaus?

LISETTE. Nein, Herr Sganarelle. Sie schloss leise das Fenster, warf sich auf ihr Bett und weinte bitterlich. Plötzlich aber wurde sie leichenblass, verdrehte die Augen, ihr Puls stockte und sie fiel besinnungslos in meine Arme.

SGANARELLE. Ach, meine Tochter! Ist sie tot?

LISETTE. Nein, Herr Sganarelle. Mit einiger Mühe gelang es mir, sie wieder zu sich zu bringen. Doch sie bekommt alle Augenblicke einen neuen Anfall und ich glaube nicht, dass sie den Abend überstehen wird.

SGANARELLE. Champagne! Champagne! Champagne!

SIEBENTER AUFTRITT

SGANARELLE, CHAMPAGNE, LISETTE.

SGANARELLE. Schnell, schafft Ärzte herbei, viele Ärzte! Man kann in einem solchen Fall nicht genug haben. O meine Tochter! Meine armes Töchterlein!

ERSTES ZWISCHENSPIEL

Champagne, der Diener Sganarelles, kopft tanzend an die Türen von vier Ärzten. Die Ärzte tanzen und treten feierlich in Sganarelles Haus.

ZWEITER AUFZUG

ERSTER AUFTRITT

SGANARELLE, LISETTE.

LISETTE. Was wollen Sie denn mit vier Ärzten anfangen? Ist einer nicht genug, um einen Menschen ins Jenseits zu befördern?

SGANARELLE. Schweig! Vier Ratgeber sind mehr wert als einer.

LISETTE. Kann Ihre Tochter nicht auch sterben ohne die Hilfe dieser Herren?

SGANARELLE. Sind etwa die Ärzte schuld, wenn wir sterben?

LISETTE. Selbstverständlich. Ich kannte einen Mann, der mit den besten Argumenten bewies, dass man niemals sagen dürfe, die oder die Person sei an einem Fieber oder an einer Lungenentzündung gestorben, sondern sie sei an vier Ärzten und zwei Apothekern verreckt.

SGANARELLE. Still! Beschuldige diese Herren nicht.

LISETTE. Mein Gott, Herr, unsere Katze hat sich kürzlich wieder erholt von einem Sprung vom Dach auf die Straße. Sie fraß drei Tage nicht und konnte keine Pfote rühren. Zum Glück gibt es unter den Katzen keine Ärzte, sonst wäre sie gewiss von ihnen mit Aderlässen und Abführmitteln zu Tode geheilt worden.

SGANARELLE. Schweig, sag ich dir! Seh mir einer diese Unverschämtheit! Da kommen sie.

LISETTE. Geben Sie acht, Sie werden sehr erbaut sein. Sie werden Ihnen auf Lateinisch beibringen, dass Ihre Tochter krank ist.

ZWEITER AUFTRITT

DIE HERREN TOMÈS, DESFONANDRÉS, MACROTON, BAHIS SOWIE SGANARELLE UND LISETTE.

SGANARELLE. Nun, meine Herren?

HERR TOMÈS. Bei der Untersuchung der Kranken haben wir festgestellt, dass viel Unreines in ihr steckt.

SGANARELLE. Wie, meine Tochter ist unrein?

HERR TOMÈS. Wenn ich sage, es steckt viel Unreines in ihr, dann meine ich, eine Menge verdorbener Säfte.

SGANARELLE. Ah, ich verstehe Sie.

HERR TOMÈS. Aber wir wollen uns zunächst konsultieren.

SGANARELLE. Rasch, Stühle her!

LISETTE *(zu Tomès)*. Ah, Herr Doktor, Sie sind auch hier?

SGANARELLE *(zu Lisette)*. Woher kennst du den Herrn?

LISETTE. Ich sah ihn kürzlich bei der guten Freundin Ihrer Frau Nichte.

HERR TOMÈS. Wie fühlt sich ihr Kutscher?

LISETTE. Sehr gut. Er ist tot.

SGANARELLE. Tot?

LISETTE. Ja.

HERR TOMÈS. Unmöglich!

LISETTE. Ich weiß nicht, ob es unmöglich ist, ich weiß nur, dass es eine Tatsache ist.

HERR TOMÈS. Er kann nicht tot sein, sage ich Ihnen.

LISETTE. Und ich sage Ihnen, er ist tot und begraben.

HERR TOMÈS. Sie irrt sich.

LISETTE. Ich habe ihn gesehen!

HERR TOMÈS. Das ist nicht möglich. Hippokrates sagt, dass derartige Krankheiten erst am vierzehnten oder einundzwanzigsten Tag enden, und es sind erst sechs Tage, dass er krank wurde.

LISETTE. Hippokrates mag sagen, was er will, der Kutscher ist tot.

SGANARELLE. Ruhig, Schwätzerin! Scher dich! Meine Herren, ich ersuche Sie, recht ernsthaft zu konsultieren. Es ist zwar sonst nicht Sitte, vorher zu bezahlen, doch tue ich es, damit ich es nicht vergesse. So will ich die Sache gleich abmachen, hier ... *(Er gibt ihnen Geld, das jeder mit besonderen Gesten einsteckt.)*

DRITTER AUFTRITT

DIE HERREN TOMÈS, DESFONANDRÉS, MACROTON UND BAHIS.

Sie setzen sich und husten.

HERR DESFONANDRÈS. Paris ist doch viel zu weitläufig, man hat ganz gehörige Wege zu gehen, damit die Praxis ein wenig geht.

HERR TOMÈS. Ich kann mit Recht behaupten, mein Maultier ist prächtig dazu geeignet. Es ist unglaublich, welche Wege ich täglich mit ihm zurücklege.

HERR DESFONANDRÈS. Ich besitze ein ganz vortreffliches Pferd. Das Tier ist unermüdlich.

HERR TOMÈS. Wissen Sie, welche Strecken mein Maultier heute schon zurückgelegt hat? Ich war zuerst am Arsenal, vom Arsenal ans Ende des Faubourg St. Germain, vom Faubourg St. Germain mitten in den Marais, vom Marais an die Forte St. Honoré; von der Forte St. Honoré in den Faubourg St. Jaques, vom Faubourg St. Jaques an die Forte de Richelieu, von der Forte de Richelieu hierher, und von hier muss ich noch zur Place Royale.

HERR DESFONANDRÉ. Das alles hat mein Pferd heute auch schon geleistet. Und außerdem besuchte ich noch einen Kranken in Ruel.

HERR TOMÈS. A propos, für wen nehmen Sie denn Partei in dem Streit unserer Kollegen Theophrastus und Artemius? Unsere ganze Fakultät ist durch die Angelegenheit entzweit.

HERR DESFONANDRÈS. Ich stimme für Artemius.

HERR TOMÈS. Ich auch. Es ist kein Zweifel, dass sein Rat den Patienten unter die Erde gebracht hat, und der des Theophrastus sicherlich der bessere war, doch er durfte nicht gegen die Regeln verstoßen und eine andere Meinung äußern als sein älterer Kollege. Ist es nicht so?

HERR DESIONANDRÉS. Ohne Zweifel. Die Regeln müssen immer beachtet werden, was auch immer geschehen mag.

HERR TOMÈS. Auch ich halte ganz verteufelt viel darauf, ausgenommen unter Freunden. Einmal kamen drei von uns mit einem auswärtigen Arzt zur Konsultation zusammen, wo ich auf der Stelle Einspruch erhob und von keiner Ansicht hören wollte, wenn die Sache nicht in aller Regel vor sich ginge. Die Familie bot alles auf, denn die Krankheit drängte. Ich aber ließ nicht ab, und die Kranke starb noch während dieses Streites.

HERR DESFONANDRÈS. Das heißt den Leuten Lebensart beibringen und ihnen zeigen, dass sie Gelbschnäbel sind.

HERR TOMÈS. Ein Toter mehr oder weniger, darauf kommt es nicht an. Aber eine versäumte Formsache gereicht der ganzen ärztlichen Fakultät zur Unehre.

VIERTER AUFTRITT

SGANARELLE, DIE HERREN TOMÈS, DESFONANDRÉS, MARCOTON UND BAHIS.

SGANARELLE. Meine Herren, die Angstzustände meiner Tochter nehmen zu. Ich bitte Sie, mir schnell zu sagen, was Sie beschlossen haben.

HERR TOMÈS *(zu Desfonandrès).* Herr Kollege, Herr Destonandrés. Nein, bitte, sprechen Sie.

HERR TOMÈS. Sie scherzen wohl.

HERR DESFONANDRÈS. Ich will nicht zuerst sprechen.

HERR TOMÈS. Herr Kollege, Herr Desfonandrès. Herr Kollege ...

SGANARELLE. Ach, meine Herren, lassen Sie doch die Komplimente, und bedenken Sie, dass die Sache dringend ist.

(Sie reden alle vier zugleich.)

HERR TOMÈS. Die Krankheit Ihrer Tochter ...

HERR DESFONANDRÈS. Die Ansicht sämtlicher Herren hier ...

HERR MACROTON. Nach reiflicher Überlegung ...

HERR BAHIS. Genau genommen ...

SGANARELLE. Sprechen Sie doch einer nach dem anderen, wenn ich bitten darf, ihr Herren.

HERR TOMÈS. Geehrter Herr, nachdem wir den Krankheitszustand Ihrer Tochter besprochen haben, geht meine Ansicht dahin, dass derselbe durch eine zu große Erhitzung des Blutes entstanden ist. Ich rate ihr daher so schnell wie möglich zu einem Aderlass.

HERR DESFONANDRÈS. Ich leite den Ursprung ihrer Krankheit aus einer durch Überfülle veranlassten Stockung der Säfte her, und so rate ich, ihr ein Brechmittel zu geben.

HERR TOMÈS. Wo denken Sie hin? Ein Brechmittel würde sie töten.

HERR DESFONANDRÈS. Nein, ein Aderlass würde sie töten.

HERR TOMÈS. Sie wollen nur immer den Klugen spielen!

HERR DESFONANDRÈS. Ja, der bin ich auch. Weiß Gott, mit Ihnen nehme ich es in allen Fächern der Wissenschaft auf!

HERR TOMÈS. Denken Sie an den Mann, den Sie kürzlich krepieren ließen!

HERR DESFONANDRÈS. Denken Sie an die gnädige Frau, die Sie vorgestern in die andere Welt schickten!

HERR TOMÈS *(zu Sganarelle).* Sie wissen nun meine Meinung.

HERR DESFONANDRÈS *(zu Sganarelle).* Sie wissen nun meine Ansicht.

HERR TOMÈS. Wenn Ihre Tochter nicht gleich einen Aderlass bekommt, ist sie verloren. *(Ab.)*

HERR DESFONANDRÈS. Wenn ihr zur Ader gelassen wird, lebt sie keine Viertelstunde mehr. *(Ab.)*

FÜNFTER AUFTRITT

SGANARELLE, DIE HERREN MACROTON UND BAHIS.

SGANARELLE. Wem von beiden soll man glauben? Welchen Entschluss soll man bei so entgegengesetzten Ansichten fassen? Ich beschwöre Sie, Ihr Herren, helfen Sie mir aus dieser Ungewissheit und sagen Sie mir unparteiisch, was ich tun soll, um meiner Tochter Genesung zu verschaffen.

HERR MACROTON. Herr Sga-na-relle, man kann in solchen Fällen nicht vor-sich-tig genug ... sein, und ... wie ... man ... sagt ... die Dinge ... übers ... Knie brechen ... wäre hier ... sehr übel ... an-ge-bracht. Hippokrates behaup-tet, dass ... solche Über-eilung ... die ... allerschlimm-sten Folgen nach sich ... ziehen ... kann.

HERR BAHIS. Es ist wahr, man kann bei so etwas nicht genug auf der Hut sein. Es ist kein Kinderspiel, ein Versehen lässt sich in solchen Fällen nicht so leicht wieder gutmachen. Experimentum periculosum![1] Darum muss man, ehe man handelt, alles erst reiflich und nach allen Seiten hin überlegen, das Temperament der Leute in Betracht ziehen, die Ursachen der Krankheit ergründen und dann die richtigen Heilmittel zur Anwendung bringen.

SGANARELLE *(beiseite)*. Der eine geht einen Schneckengang und der andere rennt wie mit der Extrapost.

HERR MACROTON. Also ... mein gu-ter Herr, um ... zur ... Sache ... zu kommen, ich ... finde ... dass ... Ih-re Toch-ter... ein ... chronisches ... Lei-den hat; ich gebe sie verloren, wenn ihr ... nicht schnel-le Hil-fe zuteil wird, um-so ... mehr, als die Symptome ihrer Krank-heit; ... auf gewisse ... ru-ßen-de zer-set-zen-de Stoffe hin-deuten, die die Mem-bra-ne des Ge-hirnes ir-ri-tie-ren. Nun ... ent-stehen ... aber ... die-se ... Stof-fe, die wir im Griechi-schen Atmos nen-nen, durch ... ge-wisse schlech-te un-rei-ne Säf-te, die sich im Un-terleib be-fin-den.

HERR BAHIS. Und da nun diese Säfte vor langer Zeit entstanden und sich dort erhitzt haben, nahmen sie diese Bösartigkeit an, die ins Gehirn steigt.

---

1 *(Latein.)* Experimente sind gefährlich!

HERR MARCOTON. Und ... zwar ... derartig, ... dass ... um ... besagte ... Stof-fe ... auf-zu-lösen ... ab-zu-ziehen und zu ... ex-pul-sieren, das ... aller-wirksamste, ... kräf-tig-ste Abführ-mit-tel wird ... ver-ord-net wer-den müs-sen. Aber vor-läu-fig wä-re es ... nicht zu ... ver-werfen, eini-ge klei-ne a-no-di-ne Mittel-chen ... in An-wen-dung ... zu bringen; will sa-gen, klei-ne er-wei-chen-de Ein-läu-fe; auch etwas ... Ju-lep und er-frischen-de ... Si-rups ... sind ... unter ... ihr Ger-sten-was-ser ... zu mischen.

HERR BAHIS. Danach kommen Abführmittel und Aderlässe, das wir so oft wiederholen werden, wie wir es für notwendig erachten.

HERR MACROTON. Wenn Ihre ... Toch-ter aber ... trotz ... alle-dem ... den-noch ster-ben soll-te, so haben ... Sie... we-nig-stens den ... Trost, ... dass sie ... nach ... den Re-geln ge-storben ist.

HERR BAHIS. Besser nach den Regeln zu sterben, als gegen alle Regeln gesund zu werden.

HERR MACROTON. Wir ... sa-gen ... Ihnen ganz auf-rich-tig ... unsere ... Mei-nung.

HERR BAHIS. Wir hätten nicht anders als unser leiblicher Bruder sprechen können.

SGANARELLE *(zu Herrn Macroton, dem er, die Worte ziehend, nachspricht).* Ich ... sa-ge ... Ihnen ... meinen ... ver-bind-lichsten ... Dank. *(Zu Herrn Bahis plappernd.)* Und Ihnen bin ich unendlich verbunden für die große Mühe, die Sie sich gemacht haben.

SECHSTER AUFTRITT

SGANARELLE *(allein).* Jetzt bin ich genauso klug wie zuvor. Wetter! Da kommt mir ein Gedanke. Ich werde Orvietan holen und sie das nehmen lassen. Orvietan hat schon vielen Leuten geholfen. Heda!

SIEBENTE SZENE

SGANARELLE, SCHALATAN.

SGANARELLE. Mein Herr, ich bitte Sie, geben Sie mir eine Flasche von Ihrem Orvietan. Ich will Sie auch gleich bezahlen.

DER SCHARLATAN *(singt).*

Dieser edlen Orvietan
Kostet Sie ne Stange Geld;
Denn es ist ganz ungelogen
Das beste Mittel von der Welt!
Dieses Wunderelexier kuriert
Die Krätze, Aussatz, Grind und Fieber,
Pest, Gicht, Pocken, Masern, auch
Wunde Glieder, Luft im Bauch.
O Wunderkraft,
Wunderkraft,
Wunderkraft
Steckt in diesem Saft.

SGANARELLE. Mein Herr, ich bin überzeugt davon, dass alles Geld der Welt dieses Mittel nicht aufwiegen kann. Doch will ich Ihnen dreißig Sous dafür geben. Hier, nehmen Sie's, wenn Sie so freundlich sind.

SCHARLATAN *(singt).*

Mein Herr, ich will nicht prahlen;
Nicht mit Millionen könnten Sie's bezahlen.

Drum legt drauf noch etwas Geld,
Denn es ist das beste Mittel von der Welt!
Dieses Wunderelexier kuriert
Die Krätze, Aussatz, Grind und Fieber,
Pest, Gicht, Pocken, Masern, auch
Wunde Glieder, Luft im Bauch.
O Wunderkraft,
Wunderkraft,
Wunderkraft
Steckt in diesem Saft.

ZWEITES ZWISCHENSPIEL

Es tanzen Triveline und Scaramuzze, die Gehilfen des Scharlatans.

DRITTER AUFZUG

ERSTER AUFTRITT

DIE HERREN FILERIN, TOMÈS, DESFONANDRÈS.

HERR FILERIN. Schämen Sie sich, ihr Herren! In Ihrem Alter so wenig Klugheit zu zeigen und sich zu zanken wie Schuljungen! Sehen Sie denn nicht ein, welchen Nachteil uns derartige Streitereien in der öffentlichen Meinung bringen? Ist es nicht genug, dass die Gelehrten die Widersprüche sehen, in die sich unsere alten Autoren und Lehrer verwickelten? Müssen wir auch noch durch unsere Streitereien dem Volk die Augen über die Unzulänglichkeit unserer Kunst öffnen? Was mich betrifft, so ist mir die ungeschickte Politik einiger unserer Kollegen geradezu unverständlich, denn man muss gestehen, dass all diese Streitereien uns in letzter Zeit in der öffentlichen Meinung sehr geschadet haben. Und wenn wir nicht sehr auf unserer Hut sind, werden wir uns selbst zugrunde richten. Ich sage dies nicht etwa aus Eigennutz, denn ich habe gottlob meine Schäfchen im Trocknen. Meinetwegen mag es regnen, hageln und stürmen. Die Toten sind tot und die Lebenden brauche ich nicht mehr. Doch alle diese Streitereien sind der Arzneikunde nichts nutze. Da uns der Himmel die Gunst erweist, dass man nun schon seit Jahrhunderten vernarrt in uns ist, müssen wir den Leuten durch unsere Intrigen nicht die Augen öffnen, wir müssen uns vielmehr in aller Stille ihre Dummheit zunutze machen. Wir sind ja, wie Sie wissen, nicht die Einzigen, die aus der Schwachheit der Menschen Vorteil ziehen. Das Studium der meisten läuft darauf hinaus, denn jeder bemüht sich, die Menschen bei ihrer schwachen Seite zu packen, um irgendeinen Vorteil daraus zu ziehen. Die Schmeichler zum Beispiel versuchen die Ruhmbegierde der Menschen auszunutzen, indem sie ihnen so viel Weihrauch streuen, wie sie wünschen. Das ist eine Kunst, in der man bekanntlich ansehnliche Erfolge feiern kann. Die Alchemisten versprechen den nach Reichtum Verlangenden goldene Berge und die Wahrsager benutzen durch betrügerische Prophezeiungen die Eitelkeit und den Ehrgeiz leichtgläubiger Köpfe. Allein die größte Schwäche der Menschen ist ihre Liebe zum Leben, und es ist an uns, sie durch unseren pomphaften Galimathias[2] zu benutzen und aus der Verehrung, die ihnen ihre Furcht vor dem Tod für unser Handwerk einflößt, unseren Vorteil zu ziehen. Versuchen wir uns also auf der Stufe der Achtung zu erhalten, auf die uns die Schwäche der Menschen erhob, seien wir darin einig, den glücklichen Ausgang einer Krankheit uns, den unglücklichen Ausgang aber der Natur zuzuschreiben. Ich sage also, vernichten wir nicht dummerweise das glückliche Vorurteil eines Irrtums, der so vielen Leuten Brot verschafft und uns durch das Geld derer, die wir unter die Erde bringen, zu so schönen Erbschaften verhilft.

---

2 Schwachsinn

HERR TOMÈS. Sie haben in allem Recht, was Sie sagen. Man hat jedoch erhitztes Blut und kann sich nicht immer beherrschen.

HERR FILERIN. Nun, so setzen Sie allen Groll hintenan und lassen Sie uns Frieden schließen, meine Herren.

HERR DESFONANDRÈS. Ich bin dabei. Er soll mein Brechmittel bei der Kranken, um die es sich hier handelt, gutheißen, dann will ich ihm bei dem erstbesten Kranken alles durchgehen lassen, was er will.

HERR FILERIN. Gut gesprochen. Das heißt der Vernunft Gehör geben.

HERR DESFONANDRÈS. Es ist also abgemacht?

HERR FILERIN. Abgemacht. Leben Sie wohl. Seien Sie das nächste Mal etwas klüger.

ZWEITER AUFTRITT

DIE HERREN TOMÈS UND DESFONANDRÈS, LISETTE.

LISETTE. Was, meine Herren, Sie stehen hier und denken nicht daran, die Schmach zu rächen, die man soeben der Arzneikunde angetan hat?

HERR TOMÈS. Wie, was ist?

LISETTE. Ein Unverschämter hat es gewagt, Ihnen ins Handwerk zu pfuschen. Er hat soeben ohne ein Rezept von Ihnen einem Mann seinen Degen durch den Leib gerannt.

HERR TOMÈS. Warten Sie, Spötterin, Sie werden uns schon noch einmal in die Hände fallen.

LISETTE. Wenn ich Sie je zu Hilfe rufe, dann erlaube ich Ihnen, mich unter die Erde zu bringen.

DRITTER AUFTRITT

CLITANDRE als Arzt verkleidet, LISETTE.

CLITANDRE. Nun, Lisette, was sagst du zu meinem Aufzug? Glaubst du denn, dass ich in diesem Gewand unserem Männchen wohl an der Nase herumführen kann? Findest du mich gut so?

LISETTE. Ganz vorzüglich! Ich erwartete Sie schon mit großer Ungeduld. Der Himmel hat mir nun einmal ein weiches Herz gegeben. Ich kann ein verliebtes Pärchen nicht füreinander seufzen sehen, ohne das innigste Mitleid und das heißeste Verlangen zu empfinden, seine Not zu lindern. Koste es, was es wolle, ich bin entschlossen,

Lucinde aus ihrem Leid zu befreien und sie in Ihre Arme zu führen. Sie haben mir gleich gefallen. Ich verstehe mich auf die Leute, sie konnte ihre Wahl nicht besser treffen. Die Liebe ist erfinderisch und wir haben zusammen eine Art Kriegslist ersonnen, die uns vielleicht zum Ziel führen wird. Alle Maßregeln sind schon getroffen. Unser Mann, mit dem wir es zu tun haben, ist eben keiner von den pfiffigsten, und sollte uns dieses Abenteuer misslingen, dann stehen uns hundert andere Wege offen, unser Ziel zu erreichen. Erwarten Sie mich nur hier, ich komme gleich zurück, um Sie zu holen. *(Clitandre zieht sich in den Hintergrund der Bühne zurück.)*

VIERTER AUFTRITT

SGANARELLE, LISETTE.

LISETTE. Glück auf, Glück auf, Herr!

SGANARELLE. Was gibt es?

LISETTE. Freuen Sie sich!

SGANARELLE. Worüber?

LISETTE. Freuen Sie sich, sage ich Ihnen!

SGANARELLE. Wenn ich mich freuen soll, musst du mir schon sagen, worüber.

LISETTE. Nein, Sie sollen sich erst freuen, Sie sollen singen und tanzen!

SGANARELLE. Aber worüber?

LISETTE. Ich sage Ihnen, Sie müssen.

SGANARELLE. Nun, meinetwegen. *(Er singt und tanzt.)* La la la, la la la, la la la. Nun aber raus mit der Sprache!

LISETTE. Herr, Ihre Tochter wird wieder gesund.

SGANARELLE. Meine Tochter wird gesund?

LISETTE. Ja. Ich bringe Ihnen einen Arzt, einen sehr gescheiten Arzt, der Wunderheilungen macht und alle anderen Ärzte in die Tasche steckt.

SGANARELLE. Wo ist er?

LISETTE. Ich werde ihn gleich hereinkommen lassen.

SGANARELLE. Ich will doch einmal sehen, ob dieser mehr ausrichten wird als die anderen.

FÜNFTER AUFTRITT

CLITANDRE als Arzt verkleidet, SGANARELLE, LISETTE.

LISETTE *(führt Clitandre hinein).* Hier ist er.

SGANARELLE. Der Arzt hat aber einen sehr jungen Bart.

LISETTE. Die Gelehrsamkeit steckt nicht im Bart und die Geschicklichkeit nicht im Kinn.

SGANARELLE. Man sagt mir, Sie hätten vorzügliche Abführmittel.

CLITANDRE. Meine Mittel sind sehr verschieden von denen der anderen. Diese verordnen Brechmittel, Aderlässe. Einläufe und so weiter, ich aber kuriere durch Worte, Klänge, Buchstaben, durch Talismane und geweihte Ringe.

LISETTE. Nun, was habe ich Ihnen gesagt?

SGANARELLE. Das ist ein großer Mann!

LISETTE. Da Ihre Tochter angekleidet im Stuhl sitzt, mein Herr, will ich sie herbringen lassen.

SGANARELLE. Ja, tue das.

CLITANDRE *(fühlt Sganarelle den Puls).* Ihre Tochter ist sehr krank.

SGANARELLE. Und das fühlen Sie bei mir?

CLITANDRE. Ja, durch die Sympathie, die zwischen Vater und Tochter herrscht.

SECHSTER AUFTRITT

SGANARELLE, LUCINDE, CLITANDRE, LISETTE.

LISETTE *(zu Clitandre).* Hier, setzen Sie sich zu ihr. *(Zu Sganarelle.)* Kommen Sie, lassen wir sie beide allein.

SGANARELLE. Warum? Ich will hier bleiben.

LISETTE. Sie scherzen wohl? Man muss sich entfernen. Ein Arzt hat hundert Dinge zu fragen, die ein Mann nicht hören darf. *(Sganarelle und Lisette ziehen sich zurück.)*

CLITANDRE *(leise zu Lucinde).* Ach, ich bin so entzückt, mein Fräulein, dass ich kaum weiß, wie ich meine Rede beginnen soll! Als ich nur durch Blicke zu Ihnen sprechen durfte, da war es mir, als hätte ich Ihnen wer weiß was zu sagen, und jetzt, da es mir erlaubt ist, mit Ihnen zu reden, wie ich es so gewünscht habe, bin ich stumm, denn die Freude raubt mir alle Sprache.

LUCINDE. Ich kann von mir dasselbe sagen. Auch meine Freude ist so lebhaft, dass sie mich kaum zu Worte kommen lässt.

CLITANDRE. Ach, mein Fräulein, wie glücklich wäre ich, wenn Sie dieselben Empfindungen hegen würden wie ich, wenn ich Ihr Inneres nach dem Meinigen beurteilen dürfte! Doch lassen Sie mich wenigstens glauben, dass ich Ihnen den Einfall dieser Kriegslist verdanke, die mich Ihre Nähe genießen lässt.

LUCINDE. Wenn Sie mir auch nicht für den Einfall zu danken haben, dann seien Sie mir doch verpflichtet, dass ich mit viel Freude auf den Vorschlag einging.

SGANARELLE *(zu Lisette).* Mir scheint, er kommt ihr sehr nahe.

LISETTE. Weil er ihre Gesichtszüge genau betrachten muss.

CLITANDRE *(zu Lucinde).* Werden Sie mir auch die huldvolle Gesinnung bewahren, die Sie mir zeigen, Fräulein?

LUCINDE. Werden Sie aber auch fest bei Ihnen Entschluss bleiben?

CLITANDRE. Bis in den Tod! Ich habe kein größeres Verlangen, als Ihnen anzugehören, und ich werde Sie sehr bald davon überzeugen.

SGANARELLE *(zu Clitandre).* Nun, wie finden Sie unsere Patientin? Sie scheint mir etwas munterer zu sein.

CLITANDRE. Das kommt daher, weil ich schon eines meiner Mittel habe auf sie wirken lassen. Da der Geist eine große Gewalt über den Körper hat und die Krankheiten oft von ihm ausgehen, versuche ich immer erst die Seele zu heilen, ehe ich mich mit dem Körper befasse. Ich habe daher ihre Blicke, ihre Gesichtszüge und die Linien ihrer Hände beobachtet und durch die Gabe, die mir der Himmel verliehen hat, erkannt, dass ihre Seele krank ist und dass ihr ganzes Übel aus einer ungezügelten Fantasie kommt, durch den unbändigen Wunsch zu heiraten. Was mich betrifft, finde ich nichts kitschiger, nichts lächerlicher, als diese Lust auf Heirat.

SGANARELLE *(beiseite).* Das ist wirklich ein gescheiter Mann!

CLITANDRE. Ich habe stets eine unüberwindliche Abneigung dagegen gehabt.

SGANARELLE *(beiseite).* Das ist ein großer Arzt!

CLITANDRE. Man muss jedoch den Illusionen der Kranken schmeicheln. Eine gewisse Geistesstörung habe ich bereits bei ihr wahrgenommen, die nicht ohne Gefahr ist. Damit man ihr also schnell helfen kann, ging ich scheinbar auf ihre Ideen ein und sagte ihr, ich sei gekommen, um bei Ihnen um ihre Hand anzuhalten. Plötzlich veränderten sich ihre Gesichtszüge, ihre Augen wurden feuriger, ihr Teint belebte sich, und wenn Sie sie nur einige Tage in diesem Irrtum belassen würden, könnten wir sie schon heilen.

SGANARELLE. Jawohl, herzlich gern.

CLITANDRE. Danach finden wir schon Mittel, sie gänzlich von ihrer Fantasie zu befreien.

SGANARELLE. Das ist ja ganz prächtig! Nun, Töchterchen, der Herr hier hat Lust, dich zu heiraten, und ich habe ihm gesagt, dass ich damit einverstanden bin.

LUCINDE. Ach, ist es möglich?

SGANARELLE. Jawohl ...

LUCINDE. Doch meinen Sie das auch im Ernst?

SGANARELLE. Ja, ja!

LUCINDE *(zu Clitandre).* Wie, Sie sind geneigt, mein Mann zu werden?

CLITANDRE. Ja, mein Fräulein.

LUCINDE. Und mein Vater willigt ein?

SGANARELLE. Ja, meine Tochter ...

LUCINDE. Ach, wie glücklich bin ich, wenn dies nur wahr werden würde!

CLITANDRE. Zweifeln Sie nicht daran. Ich liebe Sie nicht erst seit heute, es ist schon lange mein sehnlichster Wunsch, Sie zu heiraten. Ich kam nur deshalb hierher. Und wenn ich offen zu Ihnen sprechen darf, dieser Anzug ist nur eine Maske, ich geben hier nur den Arzt, um mich Ihnen zu nähern und schneller das Ziel meiner Wünsche erreichen zu können.

LUCINDE. Dieser Beweis Ihrer Zuneigung ehrt mich zutiefst.

SGANARELLE *(beiseite).* Oh die Närrin, oh die Närrin!

LUCINDE. Und Sie wollen mir wirklich diesen Herren zum Gatten geben, lieber Vater?

SGANARELLE. Nun freilich. Komm, gib mir deine Hand. Geben Sie mir auch die Ihrige einmal, um so zu tun.

CLITANDRE. Aber mein Herr ...

SGANARELLE *(der sich vor Lachen kaum halten kann).* Es ist ja nur, um ... um sie zufriedenzustellen. Kommt, schlagt ein. So ist es recht.

CLITANDRE. Nehmen Sie als Pfand der Treue hier diesen Ring von mir. *(Leise zu Sganarelle.)* Es ist ein geweihter Ring, der Geistesstörungen heilt.

LUCINDE. So lassen Sie uns den Ehevertrag aufsetzen, damit nichts fehlt.

CLITANDRE. Ich bin dazu bereit, mein Fräulein. *(Leise zu Sganarelle.)* Ich werde den Mann kommen lassen, der meine Rezepte schreibt, und ihr einreden, es sei der Notar.

SGANARELLE. Sehr gut.

CLITANDRE. Holla! Lassen Sie den Notar heraufkommen, den ich mitgebracht habe.

LUCINDE. Wie! Sie haben einen Notar mitgebracht?

CLITANDRE. Zu Diensten, mein Fräulein.

LUCINDE. O, ich bin entzückt!

SGANARELLE. Oh die Närrin, oh die Närrin!

SIEBENTER AUFTRITT

DER NOTAR, CLITANDRE, SGANARELLE, LUCINDE, LISETTE.

Clitandre spricht leise mit dem Notar.

SGANARELLE *(zum Notar).* Mein Herr, es soll für diese beiden Leute ein Ehevertrag aufgesetzt werden. *(Zu Lucinde.)* Siehst du, nun wird der Vertrag gemacht. *(Zum Notar.)* Ich gebe ihr als Mitgift zwanzigtausend Taler. Schreiben Sie es auf.

LUCINDE. Wie danke ich Ihnen, lieber Vater!

DER NOTAR. So, ich bin fertig. Sie dürfen nun unterzeichnen.

SGANARELLE. Ach, der Vertrag ist ja schnell fertig.

CLITANDRE *(zu Sganarelle).* Doch wenigstens, mein Herr ...

SGANARELLE. Ach, lassen Sie es doch gut sein, wir wissen ja ... *(Zum Notar.)* Geben Sie ihr die Feder zum Unterzeichnen. *(Zu Lucinde.)* Nun, mach, unterzeichne, unterzeichne! Schnell, schnell, dann bin ich an der Reihe.

LUCINDE. Nein, nein, ich will den Vertrag in den Händen halten.

SGANARELLE *(nachdem er unterzeichnet hat).* Nun, da hast du ihn. Bist du jetzt zufrieden?

LUCINDE. Mehr als man sich vorstellen kann!

SGANARELLE. Das ist schön, das ist schön!

CLITANDRE. Ich habe aber nicht nur für einen Notar gesorgt, ich habe auch Musikanten und Tänzer kommen lassen, damit wir gleich die Hochzeit feiern können. Lassen Sie sie hereinkommen. Es sind Leute, die ich überall mit hinnehme. Ich brache sie täglich, um durch ihre Harmonien und Tänze die Unruhe des Geistes zu beschwichtigen.

ACHTER AUFTRITT

SGANARELLE, LUCINDE, CLITANDRE, LISETTE, MUSIKANTEN UND TÄNZER.

Die Musikanten und Tänzer stellen das Lustspiel, die Musik und den Tanz, das Spiel, das Lachen und die Freude dar.

LUSTSPIEL, MUSIK UND TANZ *(singen).*

Wir sind jene, denen man verdankt,
Dass man nicht leidet und erkrankt.
Kommen zur Rettung, sperrt auf die Ohren,
Denn wir heilen mehr als alle Doktoren.

DAS LUSTSPIEL.

Wollt ihr all den Krankheitsplagen
Ohne Arzt und Kur entgehn,
Dann entsagt mit Herz dem Galen,
Lasst auch Hippokrates stehn.
Kommt zu uns! Wir heilen euch
Mit Spiel und Lachen und der Freude.

LUSTSPIEL, MUSIK UND TANZ.

Wir sind jene, denen man verdankt,
Dass man nicht leidet und erkrankt.
Kommen zur Rettung, sperrt auf die Ohren,
Denn wir heilen mehr als alle Doktoren.

Während das Spiel, das Lachen und die Freude tanzen, führt Clitandre Lucinde fort.

NEUNTER AUFTRITT

SGANARELLE, LISETTE, MUSIKANTEN, TÄNZER.

SGANARELLE. Das nenne ich mal eine Kur! Aber wo ist denn meine Tochter und der Arzt?

LISETTE. Die wollen die Ehe nun auch ganz vollstrecken.

SGANARELLE. Die Ehe! Wieso?

LISETTE. Herr Gott nochmal, mein Herr, der Fuchs ist in die Falle gegangen. Der Streich, den Sie zu machen glaubten, ist und bleibt Wahrheit.

SGANARELLE. Zum Teufel auch! *(Er will Clitandre und Lucinde nacheilen, die Tänzer halten ihn aber zurück.)* Lasst mich fort! Lasst mich fort, sag ich euch! *(Die Tänzer halten ihn weiter zurück.)* Wird's bald? *(Die Tänzer wollen ihn zum Tanzen zwingen.)* Verdammtes Gesindel!

J. M. Moreau le jeune inv. 1772. C. Baquoy. Sculp.

ZEITTAFEL

1622	Am 25. Januar Taufe von Jean-Baptiste Poquelin (Künstlername Molière) in der Pariser Kirche Sainte-Eustache als ältestes von sechs Kindern. Sein Vater ist Jean Poquelin, Tapiziermeister, seine Mutter Marie Cressé ist die Tochter eines Tapizierers. (Die Taufe erfolgte in der Regel am Tag der Geburt oder kurz danach.)
1631	Sein Vater erwirbt von seinem Bruder Nicolas den Rang eines »Valet de chambre, tapissier ordinaire du Roi«, das Privileg als Königlicher Tapizierer.
1631/32	Eintritt in das Collège de Clermont, eine angesehene Jesuitenschule.
1632	Seine Mutter stirbt am 11. Mai.
1633	Ehevertrag zwischen seinem Vater und Cathérine Fleurette.
1636	Seine Stiefmutter Cathérine stirbt im Wochenbett.
1637	Jean-Baptiste leistet am 14. Dezember als Nachfolger für seinen Vater den Eid als »Valet de Chambre«.
1638	Tod seines Großvaters Louis Cressé, der seinen Enkel häufig ins Theater mitgenommen haben soll.
1639	Abschluss am Collège de Clermont.
1640	Jura-Studium in Orléans.

1643	Am 6. Januar verzichtet Jean-Baptiste zugunsten seines jüngeren Bruders auf den Titel »Valet de Chambre«.
	Die Komödianten des »Illustre Théâtre«, darunter Madeleine Béjart und Molière, gründen am 30. Juni ihr Theater und unterzeichnen den Gesellschaftervertrag. Im September mieten sie das Ballhaus Mestayers in Paris.
1644	Am 1. Januar eröffnet das »Illustre Théâtre«, das nur wenig erfolgreich ist.
	Am 28. Juni unterzeichnet Jean-Baptiste erstmalig mit dem Namen »de Moliere« (noch ohne Akzent).
	Umzug des Theaters am 19. Dezember in das Ballhaus »Schwarzes Kreuz«. Das Theaterprojekt scheitert, die Besucher bleiben aus und Jean-Baptiste muss wegen unbezahlter Rechnungen in Schuldhaft.
1645-1658	Molière schließt sich wie andere aus seiner Truppe dem Wandertheater von Charles Dufresne an, das zunächst unter dem Patronat des Herzogs von Epernon spielt. Die Truppe tourt vor allem durch Südfrankreich, bezeugt sind Aufenthalte in: Nantes, Rennes, Cadillac, Bordeaux (1646); Agen und Pézanas/Languedoc (1650); Pézanas, Montpellier (1653); Lyon (1654); Narbonne, Montpellier, Lyon, Pézanas (1655); Béziers (1656); Lyon, Toulouse, Avignon, Nîmes, Albi (1657); Lyon, Grenoble, Rouen (1658).
1653	Auf Schloss La Grange gewinnt Molière, der mittlerweile Direktor der Wanderbühne

ist, die Protektion des Prinzen Conti, den er von der Schule her kennt. Das Theater darf den Titel »Komödianten seiner Hoheit, des Prinzen Conti« tragen. Conti wird nach einer Siphilis-Erkrankung fromm und schließt sich dem streng katholischen Geheimbund »Compagnie du Saint-Sacrement« an, nimmt die Protektion zurück und wird einer der größten Widersacher von Molière.

1655 Aufführung von *»L'Étourdi ou Les Contretemps« (»Der Tollpatsch oder Immer zur Unzeit«)*, Molières erste Komödie, eine Verskomödie in fünf Akten.

1656 Aufführung der Komödie *»Le Dépit amoureux« (»Liebesverwirrungen«)*, Moliéres zweites Stück.

1658 Molière begegnet in Rouen dem berühmten Dramatiker Pierre Corneille, ebenso dem jüngeren Bruder von Ludwig XIV, Herzog Philippe I. d'Orléans, der die Truppe nach Paris einlädt.

Als »Truppe von Monsieur, dem einzigen Bruder des Königs« gastieren sie am 24. Oktober vor König und Hof im Saal der Garden des Louvre. Gespielt wird Corneilles »Nicodemus«, was der Truppe aber nur Höflichkeitsapplaus einbringt. Als Zugabe zeigt man *»Le Docteur amoureux« (»Der verliebte Arzt«)*, eine Farce aus Molières Feder. Die Vorstellung wird ein krachender Erfolg. Auf Anordnung des Königs darf sich die Truppe fortan das Petit Bourbon mit den Italienern teilen, eine Komödiantentruppe unter dem berühmten Scaramouche.

1659 Die Schauspieler du Croicy und la Grange werden engagiert. La Grange führt fortan ein Register über die Vorstellungen, die Einnahmen und die Rollenbesetzungen. Nach Abzug der Italiener bespielt man das Petit Bourbon allein.

Sensationserfolg mit der Komödie *»Les precieuses ridicules« (»Die lächerlichen Preziösen«)*, die ebenso einen Skandal hervorrufen und kurzzeitig nicht gespielt werden dürfen, weil Molière die Menschen und gesellschaftlichen Erscheinungen der Zeit auf die Bühne bringt. Die Uraufführung findet am 18. November statt.

1660 Jodelet, der zweite Spaßmacher nach Molière, stirbt zur Osterzeit. Am 5. April stirbt auch sein jüngerer Bruder Jean Poquelin, und Molière erhält den Titel »Valet de Chambre« zurück.

Uraufführung der Farce *»Sganarelle, ou Le cocu imaginaire« (»Sganarelle oder Der Hahnrei in der Einbildung«)* am 28. Mai. Molière behält das Stück im Repertoire der Truppe, das bis zu seinem Tod sein meistgespieltes Werk wird und 123 Aufführungen erlebt.

11. Oktober: Monsieur de Ratabon lässt den Saal des Petit Bourbon abreißen, was auch als Schikane für die Truppe Molières gedacht ist. Die Truppe ist drei Monate ohne Spielstätte. Der König weist ihr schließlich den Thea-

teraal im Palais Royal zu, das frühere Palais Richelieu.

1661 Am 4. Februar Uraufführung von Molières einziger Tragödie *»Dom Garcie de Navarre ou Le Prince jaloux« (»Don Garcie von Navarra oder Der eifersüchtige Prinz«)*. Sie wird ein totaler Reinfall.

Die Komödie *»L'École des Maris« (»Die Schule der Männer«)*, die am 24. Juni uraufgeführt wird, wird hingegen zum großen Erfolg. Molière nimmt wie bei den Preziösen aktuelle Zeitthemen auf, vor allem Erziehungsfragen, womit er dem herkömmlichen Theater neue Funktionen zuweist.

Am 17. August Uraufführung von *»Le Fâcheux« (»Die Lästigen«)*, das Molière in nur 14 Tagen verfasst als ein Auftragswerk zur feierlichen Einweihung des Prachtschlosses Vaux-le-Vicomte von Nicolas Foucquet, Finanzminister des Sonnenkönigs. Es ist Molières erste Ballettkomödie. Er erschafft damit eine neue Kunstform. In die Komödie sind Balletteinlagen eingeflochten.

1662 Am 23. Januar wird der Ehevertrag zwischen dem 40-jährigen Molière und der 18-jährigen, scheinbar sehr umtriebigen Armande Béjart geschlossen. Sie ist die jüngste Schwester von Madeleine Béjart und gehört der Schauspieltruppe an. Die kirchliche Trauung findet am 20. Februar statt.

Am 26. Dezember Uraufführung der Komödie *»L'École des Femmes« (»Die Schule der*

Frauen«), die zum bisher größten Erfolg der Truppe avanciert und in nur drei Wochen 11000 Livres einspielt.

1663 Monatelange Kontroversen über die *»Schule der Frauen«*, die bis 1664 anhalten werden. Boileau verteidigt das Stück mit einem Gedicht; Molière antwortet auf die Kritik mit der Komödie *»La Critique de l'École des Femmes« (»Die Kritik der Schule der Frauen«)*, die am 1. Juni Uraufführung feiert. Der Herzog von Feuillade attackiert Molière handgreiflich. Donneau de Visé antwortet auf Molières *Kritik* im August mit dem Stück *»Zelinde oder Die wahre Kritik der Frauenschule«*. Im Oktober spielt das Hôtel de Bourgogne, ein angesehenes konkurriendes Theater in Paris, *»Das Porträt des Malers«*, in dem Molière als Hahnrei verlacht wird. Molière anwortet mit großem Erfolg mit dem *»L'impromptu de Versailles« (»Stehgreifspiel von Versailles«)*, das am 18. oder 19. Oktober uraufgeführt wird. Im Mittelpunkt der Kritik an der Frauenschule stehen religiös-moralische Fragen, die angebliche Verletzung des Anstand, angebliche Frauenfeindlichkeit durch die Kritik an Prüden und Koketten, angebliche Untergrabung der königlichen Autorität, Gattungsfragen durch die Einflechtung von Tragödienelementen in einer Farce, Plagiatsvorwürfe und persönliche Angriffe auf Molière.

1664 Am 19. Januar wird Molières erster Sohn geboren. Louis stirbt wenige Monate später am 10. November.

Am 29. Januar findet die Uraufführung der Komödie *»Le Mariage forcé« (»Die erzwungene Heirat«)* im Louvre statt.

Vom 7.-13. Mai feiert der König »Die Vergnügungen der verzauberten Insel« auf Versailles. Beteiligt an diesem »Traumfest« sind alle Pariser Bühnen. Molière steuert diverse Stücke bei. Neu ist die Komödie *»La Princesse d'Élide« (»Die Prinzesin von Elis«)*, deren Uraufführung am 8. Mai stattfindet.

Am 12. Mai kommt im Rahmen des Traumfestes auch zum ersten Mal Molières *»Tartuffe«* in einer 3-aktigen Version zur Aufführung und löst einen handfesten Skandal aus. Die weitere Aufführung des Stückes wird verboten. Im August verfasst Molière die erste Bittschrift an den König mit der Bitte um Freigabe des Stückes, die aber negativ beschieden wird.

1665 *»Dom Juan ou Le Festin de Pierre« (»Don Juan oder Der steinerne Gast«)* wird am 15. Februar erstmalig erfolgreich aufgeführt. Jedoch wird auch dieses Stück nach nur wenigen Aufführungen verboten. Schon in der zweiten Aufführung musste die Szene mit dem Bettler gestrichen werden. Im April erscheint schließlich die Schähschrift »Observation sur la comédie de Dom Juan« eines nicht genauer identifizierbaren Sieur de Rochemont. Zu Molières Zeiten wird das Stück nicht mehr aufgeführt.

Am 3. Augst wird Molières Tochter Esprit-Madeleine getauft.

In Saint-German erhält die Truppe am 14. August den offiziellen Titel »Troupe du roi au Palais royal« (»Königliche Truppe im Palais Royal«).

Uraufführung des *»L'Amour médicin« (»Die Liebe als Arzt«)* am 14. September in Versailles.

Am 8. November Privatvorstellung des *»Tartuffe«* in Raincy.

1666 Im Januar schwere Erkrankung Molières, die bis zum März anhält.

Uraufführung des *»Le Misanthrope« (»Der Menschenfeind«)* am 4. Juni. Der Erfolg des Stücks bleibt aus. Nachdem es am 6. August (Uraufführung) zusammen mit *»Le Médecin malgré lui« (»Der Arzt wider Willen«)* gegeben wird, vermehrt sich der Erfolg.

Am 2. Dezember einmalige Aufführung von *»Mélicerte«*, eine königliche Festvorstellung, das »Ballett der Musen«, in Saint-Germain.

1667 Aufführung des *»Pastorale comique« (»Komisches Pastorale«)* am 5. Januar.

Am 14. Februar Uraufführung der Komödie *»Le Sicilien ou L'amour peintre« (»Der Sizilianer oder Die Liebe als Maler«).*

Öffentliche Vorstellung von *»L'Imposteur« (»Der Betrüger«)*, eine Bearbeitung seines *»Tartuffe«* am 5. August mit angeblicher Aufführungsgenehmigung durch den König, der beim Heer in Flandern weilt. Am 6. August verbietet Parlamentspräsident von Lanoignon weitere Aufführungen. Molière schickt la Grange und la Thorillière mit einer zweiten Bittschrift nach Flandern, der König aber vertröstet Molière. Am 11. August verbietet der Bischof von Paris jede weitere Aufführung und Privatvorstellung des Tartuffe unter Androhung der Exkommunion.

1668 Uraufführung des *»Amphityon«* am 13. Januar im Palais Royal.

Am 18. Juli Uraufführung von *»George Dandin«* in Versailles.

Uraufführung von *»L'Avare« (»Der Geizige«)* am 9. September im Palais Royal.

1669 Die uns einzig bekannte dritte Version von *»Tartuffe ou L'Imposteur« (»Tartuffe oder Der Betrüger«)* wird am 5. Februar nach der Freigabe des Königs erstmals öffentlich aufgeführt.

Im Februar stirbt Molières Vater.

Bei den Jagdfesten des Königs in Chambord kommt erstmals die erfolgreiche Ballettkomödie *»Monsieur de Pourceaugnac« (»Herr von Pourceaugnac« / »Der Herr aus der Privinz«)* zur Aufführung, die ebenso erfolgreich im Palais Royal läuft.

1670 Mit großen Erfolg wird am 14. Oktober die Premiere der Ballettkomödie *»Le Bourgeois gentilhomme« (»Der Bürger als Edelmann«)*

vor dem versammelten Hof in Chambord gefeiert.

1671 Die Ballett-Tragikomödie *»Psyché« (»Psyche«)*, das Gemeinschaftswerk von Molière, Corneille, Quinault (Text) und Lully (Vertonung), wird während des Karnevals in den Tulerien aufgeführt.

Umbau des Palais Royal von März bis April.

Uraufführung der Komödie *»Les Fourberie de Scapin« (»Scapins Streiche«)* am 24. Mai.

Gastspiele der Molière-Truppe vom 27. November bis 7. Dezember in Saint-Germain und zwar für Liselotte von der Pfalz, der zweiten Gemahlin des Herzogs von Orléans, Bruder des Königs. Hierbei auch Uraufführung des letzten Auftragswerkes durch den König: *»La Comtesse d'Escarbagnas« (»Die Gräfin von Escarbagnas«)* am 2. Dezember.

1672 Madeleine Béjart stirbt am 9. Januar. Vor ihrem Tod versöhnen sich Molière und Armande wieder.

Uraufführung der Verskomödie *»Les Femmes Savantes« (»Die gelehrten Frauen«)* am 11. März im Palais Royal.

Im März/April kommt es zum Zerwürnis zwischen Molière und Lully. Hinter seinem Rücken erschleicht sich der Komponist das Privileg, mit seiner »Königlichen Musikakademie« das gesamte Musikwesen zu kontrollieren. Er erhält damit auch die Rechte für alle Stücke, zu denen er die Musik komponiert hat. Molière bringt er beim König in Ungnade.

Am 1. Oktober wird Molières drittes Kind Jean-Baptiste-Armand Poquelin getauft. Der Junge stirbt neun Tage später.

1673 Am 10. Februar wird erstmals *»Le Malade Imaginaire« (»Der eingebildete Kranke«)* im Palais Royal aufgeführt.

Am Ende der vierten Vorstellung des *Eingebildeten Kranken* am 17. Februar erleidet Molière einen Blutsturz. Er wird in sein Haus gebracht und stirbt noch am Abend des selben Tages.

Erst auf Bitten von Molières Familie beim König darf der Komödiant, Theaterdirektor und Dramatiker Molière in geweihter Erde beerdigt werden. Am 21. Februar wird der »Tapissier du Roi« um 21 Uhr auf dem Friedhof Saint-Joseph in Paris begraben.

1680 Auf Anordnung des Königs werden die beiden Pariser Schauspieltruppen vereinigt und die »Comédie Française«, das französische Nationaltheater, gegründet. Es wird auch als »Das Haus von Molière« bezeichnet. Alljährlich ehren die Schauspielerinnen und Schauspieler der Comédie Française am 15. Januar Molière, indem sie Prosa aus seinem Werk vortragen. Französische Schauspieler nennen sich auch heute noch die »Kinder Moliéres«.

INHALTSVERZEICHNIS